PARAMAHANSA JÓGÁNANDA
(1893–1952)

PARAMAHANSA JÓGÁNANDA

ZÁKON ÚSPĚCHU

Jak využívat
moc ducha
k získání zdraví,
blahobytu a štěstí

Self-Realization Fellowship
FOUNDED 1920 BY PARAMAHANSA YOGANANDA

O KNIZE: *Zákon úspěchu* byl vydán poprvé jako brožura v roce 1944 společností Self-Realization Fellowship, a od té doby vychází neustále. Byl přeložen do mnoha jazyků.

Anglický originál vydalo
Self-Realization Fellowship, Los Angeles (California):
The Law of Success

ISBN: 978-0-87612-150-4

Překlad do češtiny: Self-Realization Fellowship

Schváleno Radou pro mezinárodní publikace
Self-Realization Fellowship

První vydání v češtině, 2023
First edition in Czech, 2023
Tento výtisk, 2023
This printing, 2023

ISBN: 978-0-87612-894-7

1126-J06597

Nejmoudřejším je ten, kdo hledá Boha.
Nejúspěšnějším ten, kdo Jej nalezl.

Paramahansa Jógánanda

VZNEŠENÁ NOVOST

Zpívej písně, jež nikdo ještě nezpíval,
    myšlenky měj, jež dosud´s nikdy nemíval,
    zcela neprošlapanými kráčej cestami,
    jak nikdy předtím Boha volej svými slzami,
    přines mír těm, jimž nikým nebyl dán,
    za svého přijmi, kdo odevšad byl odehnán.

Miluj vše a všechny láskou v světě nevídanou,
    a statečně čel životu se silou nespoutanou.

MÉ BOŽSKÉ
PŘIROZENÉ PRÁVO

Pán mě stvořil k obrazu svému. Nejprve Jej tedy budu hledat a ujistím se, že jsem s Ním ve skutečném kontaktu. Poté, bude-li to Jeho vůle, kéž je mi vše – moudrost, hojnost, zdraví – dáno jako součást mého božského přirozeného práva.

Přeji si nezměrný úspěch, nikoli z pozemských zdrojů, ale z Božích rukou – vším oplývajících, všemocných, přeštědrých.

ZÁKON ÚSPĚCHU

Existuje síla, která dokáže odhalit skryté žíly bohatství a odkrýt poklady, o kterých se nám ani nesnilo? Je nějaká moc, na kterou bychom se mohli obracet, aby nám bylo dáno zdraví, štěstí a duchovní osvícení? Indičtí světci a mudrci učí, že taková síla existuje. Sami jsou živým důkazem účinnosti zákonitostí pravdy, jež budou fungovat i ve vašem životě, dáte-li jim šanci.

Váš životní úspěch není dán výhradně vašimi schopnostmi a vzděláním. Závisí také na vašem odhodlání chápat se příležitostí, jež jsou vám nabízeny. Příležitosti se v životě neobjevují nahodile, jsou vytvořené. Vy sami, ať už nyní, či v minulosti (včetně minulosti dřívějších životů), jste vytvořili všechny příležitosti, které nyní na své cestě potkáváte. Když už jste si je takto zasloužili, využijte je tím nejlepším možným způsobem.

Jestliže k překonání každé překážky na své cestě použijete všechny dostupné vnější prostředky i své přirozené vlohy, pak rozvinete síly, jimiž vás Bůh obdařil – ničím neomezené síly vyvěrající z nejniternější moci vašeho bytí. Jste obdařeni silou myšlenky a silou vůle. Využívejte těchto božských darů co nejlépe!

SÍLA MYŠLENKY

Úspěch či neúspěch zažíváte v závislosti na svém navyklém způsobu myšlení. Co ve vašem nitru převažuje – myšlenky na úspěch, nebo myšlenky na selhání? Pokud se vaše mysl běžně nachází v negativním stavu, občasná pozitivní myšlenka nestačí k tomu, aby úspěch přitáhla. Jestliže však uvažujete správně, svůj cíl najdete i ve chvíli, kdy se vám zdá, že jste obklopeni temnotou.

Zodpovědnost za sebe máte jedině vy sami.

Nikdo jiný se nebude zodpovídat z vašich činů, až dojde na konečné zúčtování. Vaši práci ve světě – v prostoru, kam vás umístila vaše vlastní karma, vaše vlastní minulé činy – může vykonat jen jediná osoba – vy sami. A vaši práci lze nazvat úspěchem jen tehdy, pokud nějakým způsobem slouží vašim bližním.

Žádným problémem se v duchu nezabývejte nepřetržitě. Nechte ho občas být a odpočiňte si od něj, možná se vyřeší sám. Dejte však pozor, abyste neodpočívali tak dlouho, až ztratíte schopnost rozlišování. Raději tato období spočinutí využijte k tomu, abyste se pohroužili do poklidných hlubin svého vnitřního Já. Když se sladíte se svou duší, budete schopni správně uvažovat o všem, co děláte. A jestliže vaše myšlenky nebo činy sejdou na scestí, budete je schopni přivést zpět. Této síly božského vyladění lze dosáhnout cvičením a úsilím.

HYBNOU SILOU VŠEHO JE VŮLE

———

Abyste byli úspěšní, měli byste spolu s pozitivním myšlením používat také sílu vůle a vyvíjet neustálou činnost. Každý vnější projev je výsledkem vůle, ale ne vždy je tato síla používána vědomě. Existuje vůle mechanická a vůle vědomá. Vůle nebo též chtění je pohonem všech vašich schopností. Bez vůle nemůžete chodit, mluvit, pracovat, myslet ani cítit. Z vůle tedy pramení všechny vaše činy. (K tomu, abyste tuto energii nepoužívali, byste museli být tělesně i duševně zcela neaktivní. Dokonce i když pohnete rukou, využíváte k tomu sílu vůle. Bez používání této síly nelze žít.)

Mechanická vůle představuje její nevědomé používání. Vědomá vůle je životní síla doprovázející odhodlání a úsilí – pohon, který je třeba moudře řídit. Když se cvičíte v používání vědomé namísto mechanické vůle, měli byste si také dát pozor na to, abyste svou sílu vůle využívali konstruktivně, a nikoli za účelem škodit nebo se nesmyslně obohacovat.

Dynamickou sílu vůle probudíte tak, že se pevně rozhodnete učinit ve svém životě některé věci, které jste považovali za nemožné. Začněte s jednoduchými úkoly. Až se vaše sebevědomí posílí a vaše vůle se stane dynamičtější, můžete se zaměřit na náročnější cíle. Ujistěte se, že jste si zvolili správný cíl, a pak se odmítněte podvolit neúspěchu. Veškerou svou sílu vůle zaměřte vždy na zvládnutí jedné věci, nerozptylujte svou energii ani nezačínejte nic nového, dokud nemáte původní věc hotovou.

STAŇTE SE PÁNEM SVÉHO OSUDU

———

Tvůrcem všeho je mysl. Proto byste ji měli vést k tomu, aby vytvářela jen dobro. Pokud se s dynamickou silou vůle držíte určité myšlenky, nakonec nabude hmatatelné vnější podoby. Když svou vůli dokážete vždy využívat ke konstruktivním účelům, stanete se *pánem svého osudu.*

Právě jsem zmínil tři důležité způsoby, jak vůli učinit dynamickou: (1) zvolte si jednoduchý úkol nebo cíl, který se vám dosud nikdy nepodařilo splnit, a pevně se rozhodněte tentokrát uspět; (2) dejte pozor, abyste si vybrali něco konstruktivního a proveditelného, a pak odmítněte možnost neúspěchu; (3) soustřeďte se na jediný záměr a využijte všechny své schopnosti a příležitosti k tomu, abyste ho dosáhli.

V klidu svého nitra byste si však měli být vždy jisti, že to, co chcete, je pro vás správné, a že je to v souladu s Božími záměry. Pak můžete k dosažení svého cíle využít veškerou sílu své vůle. Mysl však mějte stále soustředěnou na Boha – zdroj veškeré moci a úspěchu.

STRACH ODČERPÁVÁ ŽIVOTNÍ ENERGII

Lidský mozek je zásobárnou životní energie. Tato energie je neustále využívána k pohybům svalů, k činnosti srdce, plic a bránice, při buněčných mechanismech a chemických procesech v krvi či k přenosu signálů v rámci senzoricko-motorického systému (nervů). Kromě toho je ohromné množství životní energie nezbytné ke všem procesům podílejícím se na myšlení, emocích a vůli.

Strach životní energii odčerpává. Je to jeden z největších nepřátel dynamické vůle. Způsobuje, že životní energie, která jinak plynule proudí nervy, je vytlačována ven, nervy jsou ochromeny a snižuje se vitalita celého těla. Strach vám nepomůže vzdálit se od předmětu, který je jeho příčinou, ale pouze oslabí vaši vůli. Způsobí, že mozek začne všem tělesným orgánům vysílat utlumující signály. Svírá srdce, zpomaluje trávicí funkce a způsobuje mnoho dalších tělesných potíží. Pokud však udržíte vědomí u Boha, nebudete trpět žádnými strachy a díky odvaze a víře překonáte každou překážku.

„Přání" je *touha bez energie*. Po přání může přijít „záměr", tedy plán něco udělat a dané přání či touhu naplnit. „Vůle" však znamená: „*Jednám*, dokud nedosáhnu toho, po čem toužím." Sílu životní energie zapojujete jedině tehdy, když svou vůli vykonáváte, a nikoli když si jen pasivně přejete dosáhnout určitého cíle.

NEZDARY BY MĚLY PODNÍTIT ODHODLÁNÍ

———

Dokonce i neúspěchy by měly podněcovat vaši vůli a váš hmotný a duchovní růst. Pokud se vám nějaký projekt nezdaří, je užitečné si každý faktor dané situace zanalyzovat, abyste vyloučili riziko, že se v budoucnosti dopustíte stejných chyb.

Období neúspěchu je nejlepší dobou pro zasévání semínek úspěchu. Okolnosti vám možná uštědří nejednu ránu, ale mějte stále hlavu zdviženou. Pokaždé to zkuste *ještě jednou,* bez ohledu na to, kolikrát jste neuspěli. Bojujte, i když máte pocit, že už prostě nemůžete dál nebo si myslíte, že jste ze sebe vydali to nejlepší. Bojujte, dokud vaše snahy nebudou korunovány úspěchem. Tento princip názorně objasní následující příběh.

Dva lidé spolu bojují. Po dlouhé době si jeden z nich řekne: „Už nemohu dál." Ten druhý si však pomyslí: „Ještě jeden úder," zasadí poslední ránu a svého soka skolí. Musíte být také takoví – zasadit poslední úder. Používejte neporazitelnou sílu vůle a překonáte v životě všechny těžkosti.

Nové pokusy po neúspěchu přinášejí opravdový růst. Musí však být dobře naplánovány a nabity rostoucí intenzitou pozornosti a dynamickou silou vůle.

Dejme tomu, že jste doposud pokaždé selhali. Bylo by hloupé se jen tak vzdát a smířit se s neúspěchem jakožto rozhodnutím „osudu". Je lepší zemřít v boji než zanechat veškerého úsilí, když stále existuje možnost, že se dá ještě něčeho dosáhnout. Vždyť i když přijde smrt, budete ve svých snahách muset zase brzy pokračovat v dalším životě. Úspěch i neúspěch jsou spravedlivým výsledkem toho, co jste učinili v minulosti, *a zároveň* toho, co činíte nyní. Měli byste proto podněcovat všechny myšlenky na úspěch z minulých životů tak, aby se znovu probudily a dokázaly přemoci vliv všech sklonů k neúspěchu v současném životě.

Úspěšný člověk se možná potýkal s vážnějšími problémy než ten, který neuspěl. Ten první se však učí si myšlenku na neúspěch za žádných okolností nepřipouštět. Měli byste přenést pozornost ze selhání na úspěch, z obav na klid, z rozptýlení mysli na soustředění, z neklidu na mír a z míru na božskou blaženost ve svém nitru. Až tohoto stavu Seberealizace dosáhnete, bude účel vašeho života slavně naplněn.

NUTNOST SEBEANALÝZY

———

Dalším tajemstvím pokroku je sebeanalýza. Introspekce představuje zrcadlo, v němž lze spatřit zákoutí vlastní mysli, která by vám jinak zůstala skryta. Diagnostikujte své nezdary a utřiďte si dobré a špatné sklony. Analyzujte, čím jste, čím se toužíte stát a které nedostatky vás brzdí. Rozhodněte se o podstatě svého opravdového úkolu, svého životního poslání. Snažte se učinit ze sebe to, čím byste měli a čím chcete být. Když budete udržovat svou mysl stále u Boha a sladíte se s Jeho vůlí, budete po své cestě postupovat čím dál jistěji.

Vaším nejvyšším cílem je najít cestu zpět k Bohu, ale zároveň máte splnit i určitý úkol ve vnějším světě. Síla vůle spolu s iniciativou vám pomohou tento úkol rozpoznat a splnit.

TVŮRČÍ MOC INICIATIVY

Co je to iniciativa? Je to tvůrčí schopnost ve vás, jiskra Nekonečného Stvořitele. Může vám dát sílu vytvořit něco, co ještě nikdo nikdy nevytvořil. Vybízí vás k tomu, abyste dělali věci nově. Úspěchy iniciativního, aktivního člověka mohou být velkolepé jako krása komety. Zdánlivým vytvářením něčeho z ničeho jasně dokazuje, že to, co se jeví jako nemožné, se při zapojení úžasné vynalézavé moci ducha může stát možným.

Iniciativa vám umožní stát na vlastních nohou, svobodně a nezávisle. Je jedním z atributů úspěchu.

VNÍMEJTE OBRAZ BOHA V KAŽDÉM ČLOVĚKU

Mnoho lidí omlouvá své vlastní chyby, ale druhé přísně soudí. Tento přístup bychom měli obrátit – nedostatky druhých omlouvat a své vlastní podrobovat přísnému zkoumání.

Někdy je nezbytné druhé analyzovat. V takovém případě je ovšem důležité stále si uchovávat nepředpojatou mysl. Nezaujatá mysl je jako čisté zrcadlo, které je pevně ukotvené a není smýkáno unáhlenými úsudky. V takovém zrcadle bude obraz každého člověka nezkreslený.

Naučte se vidět Boha ve všech lidech jakékoli rasy i vyznání. Co je božská láska poznáte, až když začnete pociťovat jednotu s každou lidskou bytostí, dříve ne. Ve službě jeden druhému pak zapomínáme na své malé já a spatřujeme záblesk jediného nezměrného Já, Ducha, jenž všechny lidi spojuje.

MYŠLENKOVÉ NÁVYKY OVLÁDAJÍ NÁŠ ŽIVOT

Úspěch každého z nás urychlují či naopak zpomalují naše návyky.

Náš život neovládá ani tak náhlá inspirace či úžasné nápady, jako spíše každodenní mentální návyky. Zaběhlé způsoby myšlení jsou jako duševní magnety, které k vám přitahují určité věci, osoby a podmínky. Dobré myšlenkové návyky vám umožňují přitahovat výhody a příležitosti, zatímco ty špatné vás táhnou k materiálně založeným lidem a k nepříznivému prostředí.

Zlozvyk oslabíte tím, že se vyhnete všemu, co jej vyvolává nebo podněcuje, *aniž byste se na něj soustředili v horlivé snaze se mu vyhnout.* Poté svou mysl nasměrujte na nějaký dobrý návyk a vytrvale jej pěstujte, dokud se nestane vaší spolehlivou součástí.

V našem nitru spolu vždy soupeří dvě síly. Jedna nás nutí dělat věci, které bychom dělat neměli. Druhá nás pobízí, abychom činili to, co činit máme, tedy to, co nám připadá obtížné. První hlas patří zlu, druhý dobru, tedy Bohu.

Díky obtížným každodenním lekcím jednou

jasně pochopíte, že špatné návyky živí strom ne-
utuchajících hmotných tužeb, zatímco ty dobré
vyživují strom duchovních aspirací. Měli byste
své snažení čím dál více soustředit na úspěšné
zrání duchovního stromu, abyste jednou mohli
sklidit zralé plody Seberealizace.

Dokážete-li se osvobodit od nejrůznějších
zlozvyků a konat dobro proto, že chcete konat
dobro, a nikoli jen proto, že zlo přináší utrpení,
pak se skutečně duchovně rozvíjíte.

Teprve až se zbavíte svých zlozvyků, stanete
se opravdu svobodným člověkem. Dokud ne-
jste svým skutečným pánem schopným přikázat
si činit to, co byste měli, i když se vám třeba
zrovna nechce, nejste svobodnou duší. *V této
síle sebekontroly leží semínko věčné svobody.*

Právě jsem zmínil několik důležitých atributů
úspěchu – pozitivní myšlenky, dynamickou
vůli, sebeanalýzu, iniciativu a sebekontrolu.
Mnoho populárních knih zdůrazňuje jeden nebo

několik těchto atributů, ale opomíjí vyzdvihnout Boží moc, jež stojí za nimi. *Sladit se s Boží vůlí je pro přitáhnutí úspěchu tím nejdůležitějším faktorem vůbec.*

Boží vůle je síla, která pohybuje vesmírem a vším v něm. Boží vůle byla tím, co vymrštilo hvězdy do kosmu, a je i tím, co udržuje planety na jejich oběžných drahách a určuje cykly zrození, růstu a rozpadu všech forem života.

SÍLA BOŽÍ VŮLE

Boží vůle nezná hranic. Řídí se zákony známými i neznámými, přirozenými i zdánlivě zázračnými. Dokáže měnit běh osudu, křísit mrtvé, vrhat hory do moře i vytvářet nové sluneční soustavy.

Člověk jakožto obraz Boha má v sobě tuto všemocnou sílu vůle také. Přijít prostřednictvím správné meditace[1]* na to, jak být s Boží vůlí v souladu, je jeho nejvyšší povinností.

Je-li vedena omylem, svádí nás lidská vůle na scestí. Řídí-li se však moudrostí, je sladěna s vůlí Boží. Plán, který pro nás Bůh má, bývá často zatemněn konflikty lidského života, takže ztrácíme vnitřní vedení, které by nás chránilo před propastmi utrpení.

Ježíš řekl: „Buď vůle Tvá." Když člověk sladí vůli svou s vůlí Boží, kterou vede moudrost, používá Božskou vůli. Díky správným meditačním technikám, vyvinutým starověkými indickými mudrci, mohou všichni lidé dosáhnout dokonalé harmonie s vůlí Nebeského Otce.

---

[1]   Meditace je určitý způsob koncentrace, při níž je pozornost za pomoci vědeckých jógových technik osvobozena od neklidného stavu těla a vědomí a je jednobodově zaměřena na Boha. Lekce, které nabízí *Self-Realization Fellowship*, poskytují k meditaci podrobné instrukce. *(Poznámka vydavatele)*

Z OCEÁNU HOJNOSTI

———

Tak jako všechna síla leží v Jeho vůli, tak i všechny duchovní a hmotné dary pocházejí z Jeho nekonečné hojnosti. Abyste Jeho dary obdrželi, musíte ze své mysli vymýtit všechny myšlenky na omezení a chudobu. Vesmírná mysl je dokonalá a nezná nedostatku. Abyste k tomuto nevyčerpatelnému zdroji získali přístup, musíte si udržovat vědomí hojnosti. I když zrovna netušíte, odkud získáte další peníze, měli byste zahnat obavy. Když budete konat svou práci a spolehnete se na Boha, že On udělá tu svou, zjistíte, že vám přicházejí na pomoc zázračné síly a vaše konstruktivní přání se záhy zhmotní. Této jistoty a vědomí hojnosti dosáhnete skrze meditaci.

Jelikož Bůh je zdrojem veškeré duševní síly, míru a prosperity, *předtím, než si budete něco přát a jednat, nejprve oslovte Boha.* Tak budete

moci využít svou vůli a činnost k dosažení nej-
vyšších cílů. Stejně jako nelze přenášet zvuk
skrze rozbitý mikrofon, nemůžete ani vysílat
modlitby přes duševní mikrofon narušený nekli-
dem. Mikrofon své mysli musíte nejprve hlubo-
kým zklidněním opravit a zvýšit tak vnímavost
své intuice. Pak k Němu budete moci efektivně
vysílat a přijímat Jeho odpovědi.

CESTA MEDITACE

Když svůj duševní vysílač a přijímač opra-
víte a poklidně se naladíte na konstruktivní vib-
race, jak jej tedy můžete použít ke kontaktu s Bo-
hem? Cestou je správná metoda meditace.

Silou koncentrace a meditace můžete ne-
vyčerpatelnou sílu své mysli nasměrovat
k dosažení toho, po čem toužíte, a ke střežení
všech bran před neúspěchem. Všichni úspěšní
lidé věnují hluboké koncentraci mnoho času.

Dokážou se hluboce ponořit do své mysli a na- cházet tam perly správných řešení problémů, jimž čelí. Když se naučíte, jak odvést pozornost od všech objektů, jež vás rozptylují, a zaměřit ji na jediný předmět soustředění, zjistíte i vy, jak si dle libosti přitáhnout, cokoli potřebujete.

Předtím, než se pustíte do něčeho důležitého, si vždy nejprve tiše sedněte, zklidněte své smysly a myšlenky a hluboce meditujte. Pak budete vedeni úžasnou tvůrčí silou Ducha. Poté byste měli využít všechny hmotné prostředky nezbytné k tomu, abyste svého cíle dosáhli.

Věci, jež v životě potřebujete, jsou ty, které vám pomohou naplnit vaše hlavní poslání. Věci, které možná *chcete*, ale *nepotřebujete*, vás od tohoto cíle mohou odvádět. Úspěchu docílíte pouze tehdy, děláte-li vše ve službách svého hlavního záměru.

MÍROU ÚSPĚCHU JE ŠTĚSTÍ

———

Zvažte, zda bude dosažení cíle, který jste si zvolili, představovat úspěch. Co *je* úspěch? Pokud jste zdraví a bohatí, ale nedokážete s nikým vyjít (dokonce ani sami se sebou), není váš život úspěšný. Nenacházíte-li štěstí, stává se existence marnou. *Přijdete-li o bohatství, přišli jste o málo. Přijdete-li o zdraví, přišli jste o něco důležitějšího. Pokud však ztratíte klid mysli, ztratili jste ten největší poklad.*

Úspěch by proto měl být určován měřítkem štěstí, tedy vaší schopností spočívat v pokojném souladu s kosmickými zákony. Úspěch není správné hodnotit podle světských měřítek bohatství, prestiže a moci. Žádná z těchto věcí nepřináší štěstí, není-li jich správně využito. K tomu, abyste je mohli správně využít, musíte mít moudrost a lásku k Bohu a k člověku.

Bůh vás neodměňuje ani netrestá. Dal vám moc odměnit se nebo se potrestat sami tím, jak využíváte nebo zneužíváte vlastní rozum a vůli. Jestliže se proviníte proti zákonům zdraví, bohatství a moudrosti, zákonitě budete trpět nemocí, chudobou a nevědomostí. Měli byste však posílit svou mysl a odmítnout nést břemeno duševní a morální slabosti nabyté v minulosti. Raději je spalte v ohni současných božských rozhodnutí a správných aktivit. Tímto konstruktivním přístupem získáte svobodu.

Štěstí sice do jisté míry závisí na vnějších podmínkách, ale hlavně je dáno duševními postoji. Člověk je šťastný, když se těší dobrému zdraví, vyrovnané mysli, hojnosti, vhodné práci, vděčnému srdci a především moudrosti čili poznání Boha.

Pevné odhodlání být šťastní vám pomůže. Nečekejte, až se změní okolnosti vašeho života v mylné představě, že právě ony jsou příčinou vašich potíží. Nečiňte si z neštěstí chronický zvyk, který by trápil vás i vaše blízké. Jste-li šťastní, je to pro vás i ostatní lidi požehnáním. Máte-li štěstí, máte všechno. Být šťastný znamená být sladěný s Bohem. Schopnost být šťastný přichází skrze meditaci.

SVÉ ÚSILÍ PODEPŘETE BOŽÍ MOCÍ

Pro dosažení konstruktivních cílů využijte energii, kterou již máte, a dostanete jí ještě více. Kráčejte po své cestě s nezlomným odhodláním a s využitím všech atributů úspěchu. Nalaďte se na tvůrčí moc ducha. Budete tak v kontaktu s Nekonečnou inteligencí, která vás dokáže vést a s jejíž pomocí překonáte všechny problémy. Energie z dynamického Zdroje vašeho bytí bude nepřerušovaně proudit, takže budete schopni jednat tvůrčím způsobem v jakékoli oblasti své činnosti.

Před každým důležitým rozhodnutím byste si měli v tichosti sednout a požádat Otce o Jeho požehnání. Pak bude za vaší mocí moc Boží, za vaší myslí Jeho mysl, za vaší vůlí Jeho vůle. Když spolu s vámi pracuje Bůh, nemůžete neuspět. Každá vaše schopnost se znásobí. Jestliže svou práci konáte s myšlenkou sloužit Bohu, dostáváte Jeho požehnání.

Pokud je vaše práce v životě obyčejná, neomlouvejte se za to. Buďte hrdí, protože plníte úkol, který vám Otec uložil. Potřebuje vás na vašem konkrétním místě. Všichni lidé nemohou hrát stejnou roli. Budete-li pracovat k potěše Boha, budou vás všechny kosmické síly harmonicky podporovat.

Jestliže Boha přesvědčíte, že Jej chcete nade vše ostatní, budete naladěni na Jeho vůli. Když pokračujete v Jeho hledání bez ohledu na to, jaké překážky povstávají, aby vás od Něj odvedly, používáte svou lidskou vůli tím nejkonstruktivnějším způsobem. Řídíte se tak zákonem úspěchu, který znali již starověcí mudrci a který chápou všichni, kdo dosáhli opravdového úspěchu. Božská síla bude vaše, pokud ji s odhodlaným úsilím vložíte do dosažení zdraví, štěstí a míru. Pokud tyto cíle zahrnete, budete postupovat po cestě Seberealizace ke svému opravdovému domovu v Bohu.

AFIRMACE

———

Nebeský Otče, budu používat svůj úsudek a vůli a budu jednat. Ty však veď můj rozum, mou vůli i mé činy k těm správným věcem, které mám vykonat.

O AUTOROVI

———

Paramahansa Jógánanda (1893–1952) je považován za jednu z nejvýznamnějších duchovních osobností naší doby. Narodil se v severní Indii a v roce 1920 přijel do Spojených států. Další tři desetiletí významně přispíval k šíření povědomí o odvěké moudrosti Východu a k jejímu uznání na Západě. Činil tak prostřednictvím svých spisů a přednáškových turné a zakládáním řady chrámů a meditačních center organizace Self-Realization Fellowship. Díky proslulému dílu s názvem *Autobiografie jogína,* podávajícímu jeho vlastní životní příběh, i díky řadě jeho dalších knih a komplexní sadě lekcí pro domácí studium se milióny čtenářů seznámily s prastarou indickou vědou meditace a metodami umožňujícími dosáhnout vyrovnanosti a štěstí těla, mysli a duše. Duchovní a humanitární činnost započatá Paramahansou Jógánandou dnes pokračuje pod vedením bratra Čidánandy, prezidenta organizace Self-Realization Fellowship/Yogoda Satsanga Society of India.

V říjnu 2014 byl uveden oceňovaný dokumentární film o životě a díle Paramahansy Jógánandy nazvaný *Awake: The Life of Yogananda*.

DÍLA PUBLIKOVANÁ V ČEŠTINĚ
ORGANIZACÍ
SELF-REALIZATION FELLOWSHIP

Dostupná na www.srfbooks.org
nebo v jiných online knihkupectvích

Autobiografie jogína

Jak můžete mluvit s Bohem

Zákon úspěchu

Knihy v angličtině od Paramahansy Jógánandy

Autobiography of a Yogi

God Talks With Arjuna: The Bhagavad Gita
— A New Translation and Commentary

The Second Coming of Christ:
The Resurrection of the Christ Within You
*— A Revelatory Commentary on the
Original Teachings of Jesus*

The Yoga of the Bhagavad Gita

The Yoga of Jesus

The Collected Talks and Essays

Volume I: **Man's Eternal Quest**
Volume II: **The Divine Romance**
Volume III: **Journey to Self-realization**

Wine of the Mystic:
The Rubaiyat of Omar Khayyam

— A Spiritual Interpretation

Songs of the Soul

Whispers from Eternity

Scientific Healing Affirmations

In the Sanctuary of the Soul:
A Guide to Effective Prayer

The Science of Religion

Metaphysical Meditations

Where There Is Light
— Insight and Inspiration for Meeting Life's Challenges

Sayings of Paramahansa Yogananda

Inner Peace:
How to Be Calmly Active and Actively Calm

Living Fearlessly
— Bringing Out Your Inner Soul Strength

The Law of Success

How You Can Talk With God

**Why God Permits Evil and How to Rise
Above It**

To Be Victorious in Life

Cosmic Chants

AUDIO NAHRÁVKY PARAMAHANSY JÓGÁNANDY

Beholding the One in All

The Great Light of God

Songs of My Heart

To Make Heaven on Earth

Removing All Sorrow and Suffering

Follow the Path of Christ, Krishna, and the Masters

Awake in the Cosmic Dream

Be a Smile Millionaire

One Life Versus Reincarnation

In the Glory of the Spirit

Self-Realization: The Inner and the Outer Path

DALŠÍ DÍLA VYDANÁ ORGANIZACÍ SELF-REALIZATION FELLOWSHIP

The Holy Science
— *Swami Sri Yukteswar*

Only Love:
Living the Spiritual Life in a Changing World
— *Sri Daya Mata*

Finding the Joy Within You:
Personal Counsel for God-Centered Living
— *Sri Daya Mata*

Intuition:
Soul Guidance for Life's Decisions
— *Sri Daya Mata*

God Alone:
The Life and Letters of a Saint
— *Sri Gyanamata*

"Mejda":
The Family and the Early
Life of Paramahansa Yogananda
— *Sananda Lal Ghosh*

Self-Realization
(časopis založený Paramahansou Jógánandou
v roce 1925)

DVD VIDEO

Awake:
The Life of Yogananda
Film studia CounterPoint Films
Kompletní katalog knih a audio/video nahrávek
— včetně vzácných archivních nahrávek
Paramahansy Jógánandy — je dostupný na
www.srfbooks.org.

LEKCE
SELF-REALIZATION FELLOWSHIP

Vědecké techniky meditací vyučované Paramahansou Jógánandou, včetně *Krija jógy* – stejně jako jeho vedení ve všech aspektech vyrovnaného duchovního žití – jsou prezentovány v *Lekcích Self-Realization Fellowship*. Pro více informací prosím navštivte www.srflessons.org a vyžádejte si bezplatnou brožurku s podrobnými údaji o *Lekcích*.

Self-Realization Fellowship
3880 San Rafael Avenue • Los Angeles, CA 90065-3219

Phone +1(323) 225-2471 • Fax +1(323) 225-5088

www.yogananda.org

CÍLE A IDEÁLY
SELF-REALIZATION FELLOWSHIP

Stanovil Paramahansa Jógánanda, zakladatel
Bratr Čidánanda, prezident

Šířit mezi národy znalosti konkrétních vědeckých metod pro dosažení přímé osobní zkušenosti Boha.

Učit, že smyslem života je evoluce lidského, smrtí omezeného vědomí na úroveň božského vědomí prostřednictvím vlastního úsilí a za tímto účelem zakládat po celém světě chrámy Self-Realization Fellowship pro spojení s Bohem a podporovat zakládání individuálních svatyní Boha v lidských domovech a srdcích.

Odhalovat úplnou harmonii a základní jednotu původního křesťanství, jak je vyučoval Ježíš, a původní jógy, jak ji učil Bhagaván Krišna, a poukazovat na to, že tyto principy pravdy jsou společným vědeckým základem všech pravých náboženství.

Ukazovat hlavní božskou přímou cestu, v niž nakonec ústí všechny stezky pravdivých náboženských přesvědčení: cestu každodenní, vědecké, oddané meditace o Bohu.

Osvobozovat člověka od jeho trojího utrpení: fyzických nemocí, duševní disharmonie a duchovní nevědomosti.

Podporovat „prosté žití a ušlechtilé myšlení" a šířit ducha bratrství mezi všemi lidmi prostřednictvím učení o věčném základu jejich jednoty – spřízněnosti s Bohem.

Demonstrovat nadřazenost mysli nad tělem a duše nad myslí.

Překonávat zlo dobrem, zármutek radostí, krutost laskavostí, nevědomost moudrostí.

Sjednocovat vědu a náboženství skrze uvědomění jednoty principů, jež jsou základem obou.

Zasazovat se o kulturní a duchovní porozumění mezi Východem a Západem a o vzájemnou výměnu jejich nejlepších osobitých rysů.

Sloužit lidstvu jako svému většímu Já.